Ausflug an das Meer

Kreuzstichmotive

Fingerhut

Christiane Dahlbeck

2. Auflage 2000

Abweichende Farben sind drucktechnisch bedingt.

Herstellung: Schürmann + Klagges, Bochum
ISBN-Nr.: 3-920612-83-3

Einleitung

1999 ist mein erstes Buch mit Kreuzstichmotiven „Spaziergang durch den Garten“ erschienen. Für mich war es ein spannendes Erlebnis, die Entstehung des Buches vom Entwurf bis zur endgültigen Fertigstellung zu verfolgen. Die Arbeit hat mir sehr viel Spaß bereitet.

Um so mehr freue ich mich, daß das Buch so großen Anklang findet, und möchte mich an dieser Stelle bei allen Stickerinnen dafür bedanken.

Mit dem zweiten Buch möchte ich Ihnen überwiegend Motive rund um das Thema „Meer“ vorstellen. Anregungen hierzu bekam ich durch Urlaube an der Nord- und Ostsee.

Ich würde mich freuen, wenn Ihnen die Stickmuster gefallen, und wünsche Ihnen viel Spaß beim Sticken.

Ihre

Christiane Dahlbeck

Material und Sticktechniken

Die Motive sind im Kreuzstich gearbeitet. Vereinzelt werden außerdem Knötchenstiche und Steppstiche verwendet.

Der **Kreuzstich** besteht aus dem von links unten nach rechts oben verlaufenden Unterstich und dem in entgegengesetzter Richtung verlaufenden Deckstich (Abb. 1). In der Regel stickt man in waagerechten Hin- und Rückreihen. Eine andere Variante ist das Sticken in senkrechten Reihen (Abb. 2).

Abb. 3 zeigt Kreuzstiche, die gegeneinander verschoben sind. Hierbei sollten Sie jeden Kreuzstich für sich fertigstellen.

Abb. 4 zeigt halbe Kreuzstiche. In den Musterzeichnungen sind diese durch Symbole gekennzeichnet, die nur ein halbes Kästchen ausfüllen. Halbe Kreuzstiche können entweder über 2 Fäden des Stoffes in der Breite und 1 Faden in der Höhe (waagerechtes Symbol) oder über 1 Faden in der Breite und 2 Fäden in der Höhe (senkrechtes Symbol) gestickt werden.

Der **Steppstich** wird als „Linienstich" über 2 Fäden oder wie im Muster angegeben gestickt (Abb. 5).

Beim **Knötchenstich** (Abb. 6) liegt der Stickfaden oben auf dem Stoff. Mit der rechten Hand halten Sie die Sticknadel. Zwischen Zeigefinger und Daumen der linken Hand liegt der Stickfaden, den Sie zweimal um die Nadel wickeln. Die Sticknadel wählen Sie so, daß sie senkrecht einsticht, etwas oberhalb des herauskommenden Stickfadens. Solange die Nadel im Stoff steckt, halten Sie mit der linken Hand den Stickfaden und ziehen ihn fest an, bis das Knötchen auf dem Stoff sitzt. Erst dann ziehen Sie die Nadel ganz durch den Stoff und kommen zum Sticken des nächsten Knötchens wieder mit der Nadel hoch.

Abb. 1

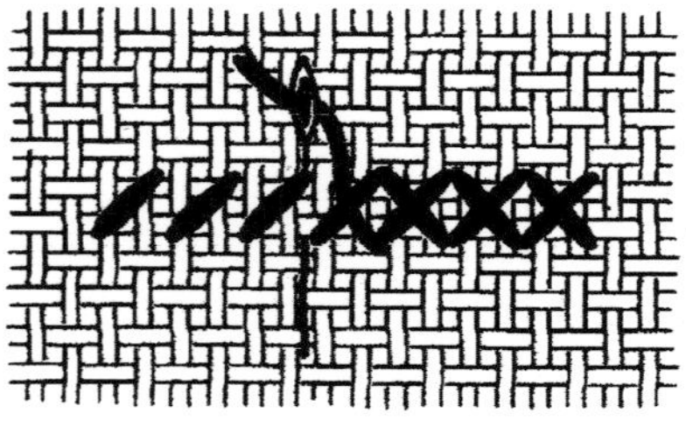

Abb. 2

Abb. 3

Abb. 4

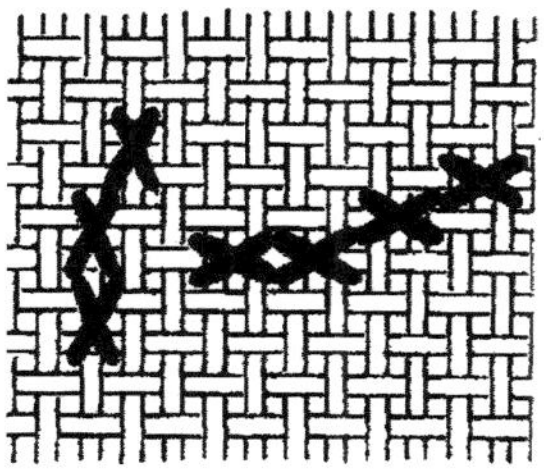

Abb. 5

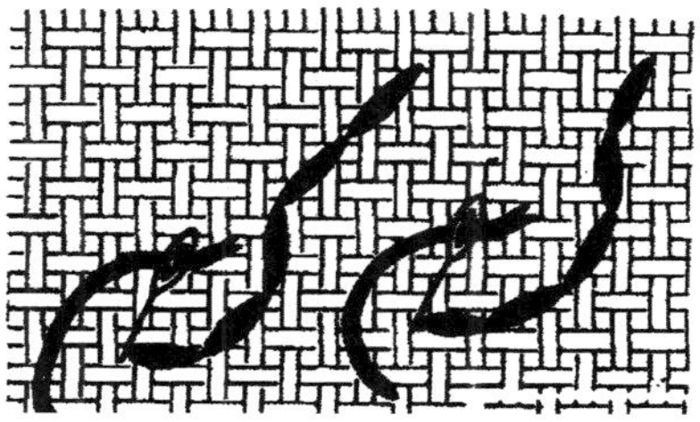

Abb. 6

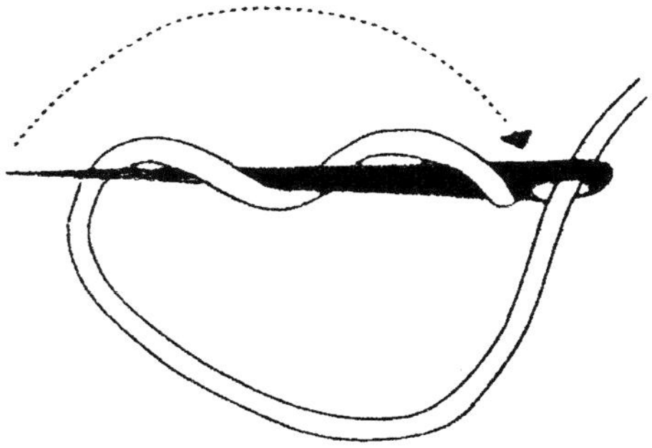

Bei jedem Zählmuster finden Sie die Legende mit Symbolen und Nummern für die verschiedenen Farben. Die Farbnummern entsprechen dem Dänischen Blumengarn. Wenn Sie ein anderes Stickgarn verwenden möchten, verweise ich auf die Umsetzungstabelle am Ende des Buches. Dort finden Sie Vorschläge, das Dänische Blumengarn durch die Garne anderer Hersteller zu ersetzen. Alle Angaben verstehen sich nur als Vorschlag. Wenn Sie die Garne für Ihr Stickmotiv zusammengestellt haben, überprüfen Sie bitte, ob alle Farben miteinander harmonieren.
Das Dänische Blumengarn wird einfädig verarbeitet.

Ein Quadrat auf dem Muster entspricht 2 Fäden im Leinen. Alle Motive dieses Buches, mit Ausnahme des Schleifenbandes „Wetterhahn und sein Nachwuchs“ und des Läufers mit den Vergiß-mein-nicht-Herzen, sind auf 12-fädigem Leinen gestickt. Die Materialangaben zu den Schleifenbändern finden Sie direkt bei den Anleitungen.

Bei jedem Muster finden Sie Angaben über den Stoffzuschnitt. Bitte beachten Sie, daß immer das 12-fädige Leinen zugrunde gelegt ist. Wenn Sie einen anderen Stoff verwenden, müssen Sie den Stoffzuschnitt evtl. in einer anderen Größe wählen.

Als Sticknadel verwende ich Nadeln der Größe 24, ohne Spitze, damit ich beim Sticken nicht das Gewebe beschädige.

Patchwork Maritim

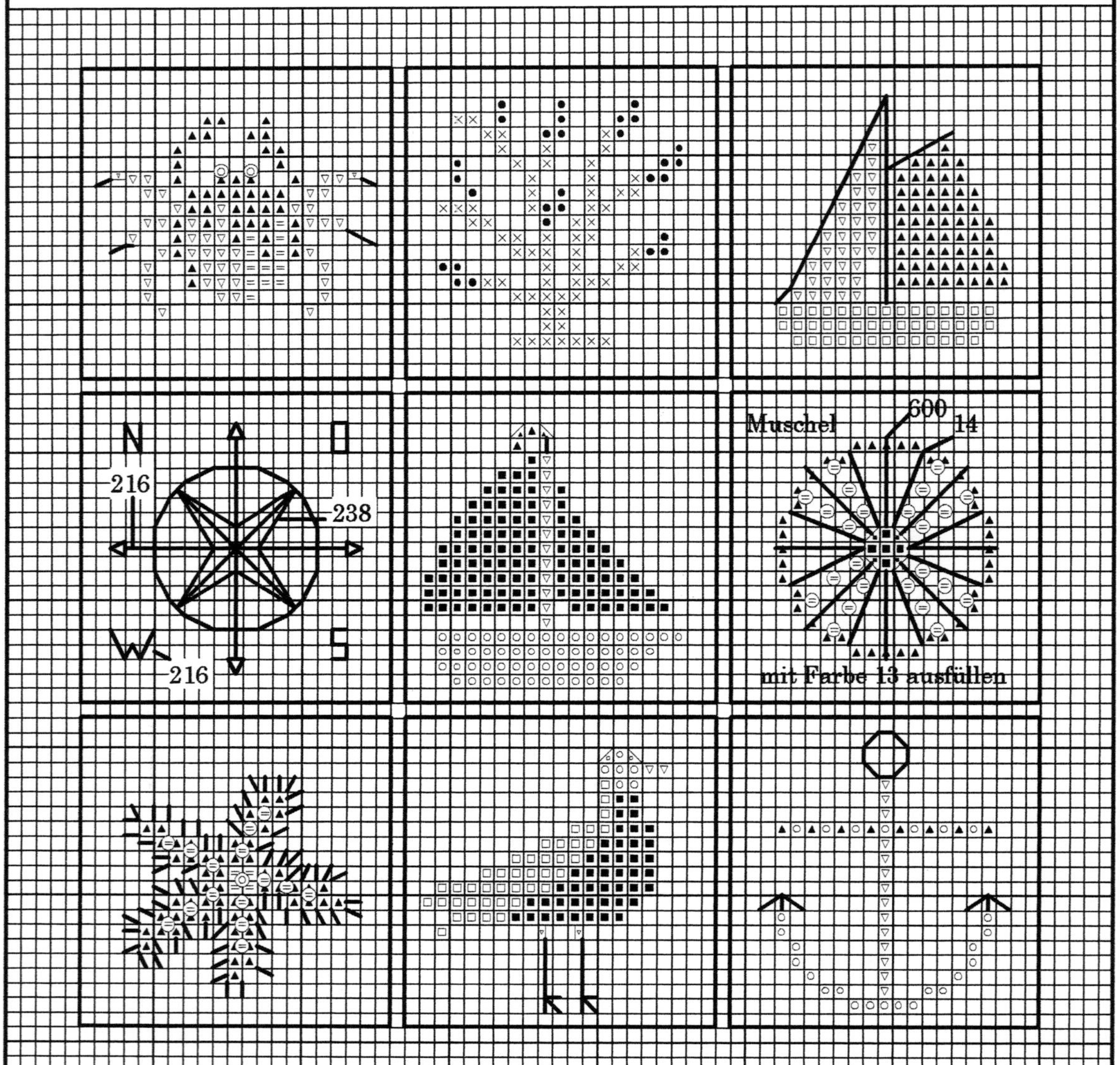

600 | 251 | 216 | 236 | 13 | 14

238 | 10

Steppstiche:

Krabbe = Farbe 13
Möwe = Farbe 14
Schiff = Farbe 216
Anker = Farbe 216
Windrose = siehe direkte Farbangaben
Muschel = abwechselnd Farbe 600 + 14
Seestern = Farbe 14

Knötchenstiche:

Krabbe = Farbe 216
Muschel = Farbe 236
Seestern = Farbe 236, Mitte 216

Die einzelnen Felder (Quadrate) mit Farbe 7 ausfüllen.

Stoffzuschnitt: 25 x 25 cm

Mitten im Schimmer der spiegelnden Wellen
Gleitet wie Schwäne der wankende Kahn;
Ach, auf der Freude sanftschimmernden Wellen
Gleitet die Seele dahin wie der Kahn;
Denn von dem Himmel herab auf die Wellen
Tanzet das Abendrot rund um den Kahn.

Friedrich Leopold zu Stolberg

Die Taube und der Fisch

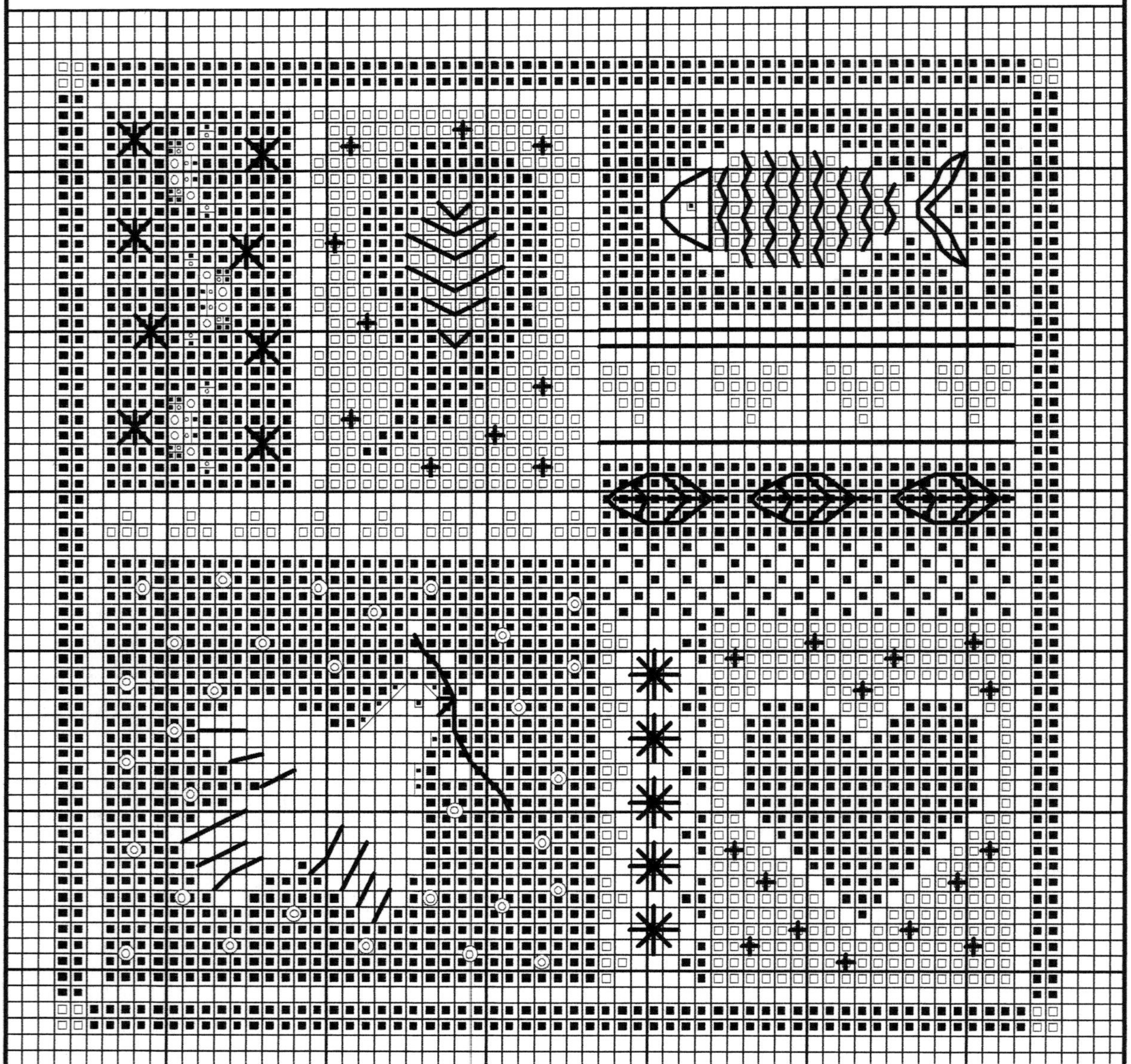

Steppstiche:

Mondfeld = Farbe 600
Muschel, innen = Farbe 600
Muschel, außen = Farbe 228
Fisch, Schuppen = Farbe 228, Rest Farbe 304

Herz = Farbe 600
Herzchen = Farbe 304
Taube = Fb 228, Ast = Fb 600
Blätter = Farbe 600
Sterne = Farbe 304

Knötchenstiche bei der Taube mit Farbe 600 sticken.

600 304 228

Stoffzuschnitt: 20 x 20 cm

Hornveilchen-Kranz

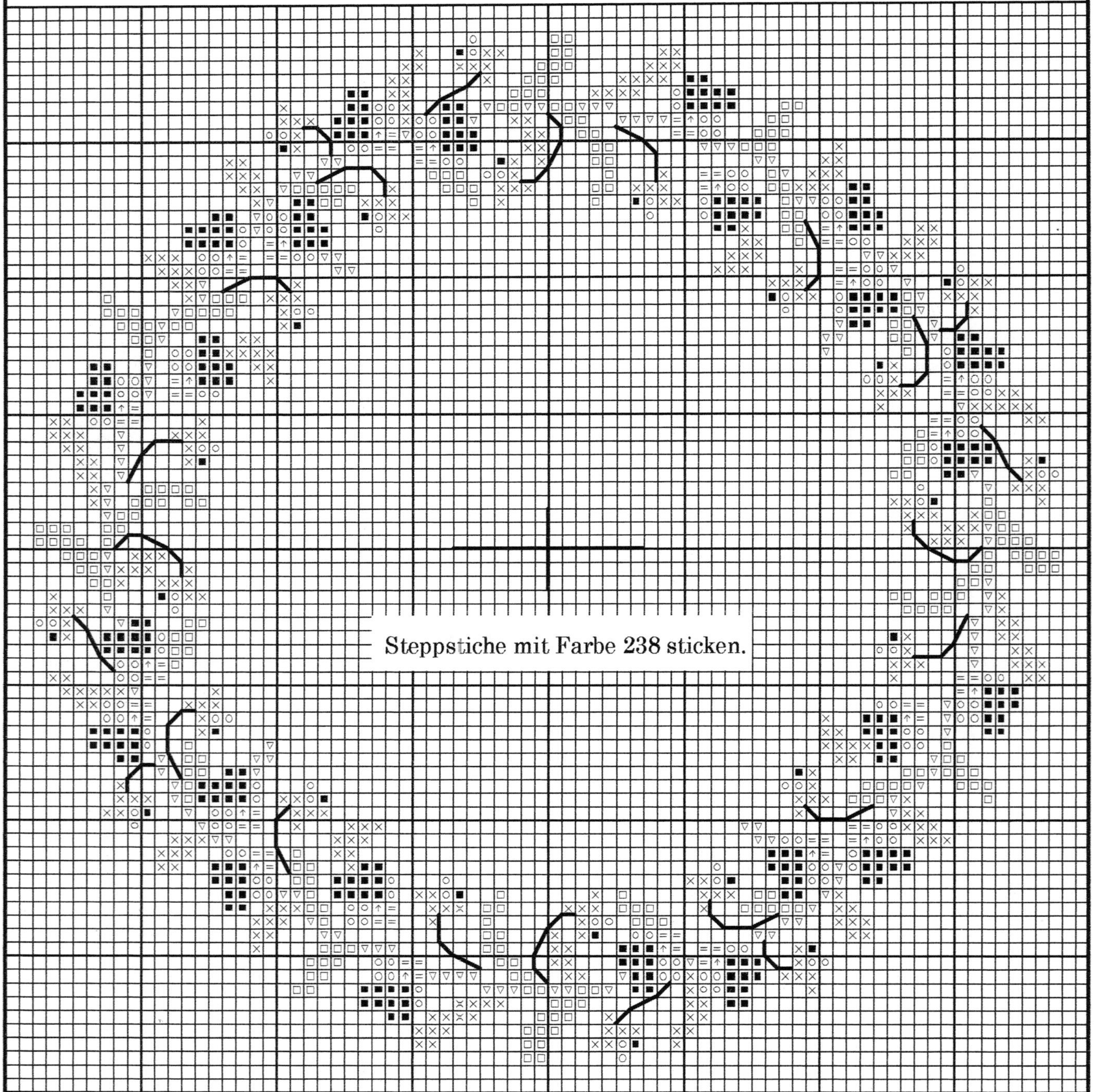

Symbol	Farbe
■	228
=	225
○	304
×	10
□	238
▽	99
↑	240

Stoffzuschnitt: 25 x 25 cm

Kranz mit Herz

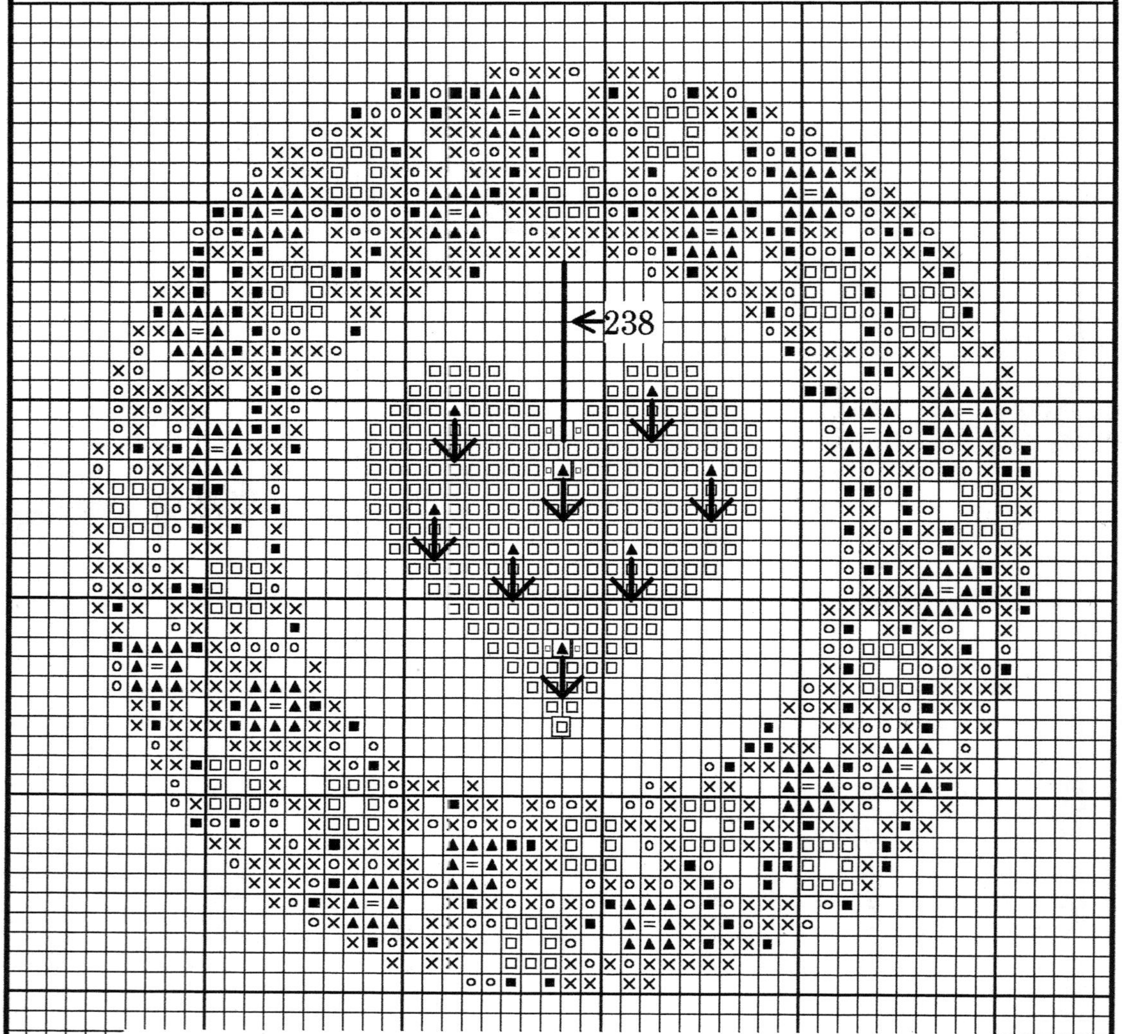

Symbol	Farbe
×	10
■	238
○	99
▲	304
=	48
□	228

Steppstiche: Blüten = Farbe 99, Herz = Farbe 238
Die Blüten im Herz kommen noch mehr heraus, wenn man sie mit Steppstichen umrandet (Farbe 304).

Stoffzuschnitt: 20 x 20 cm

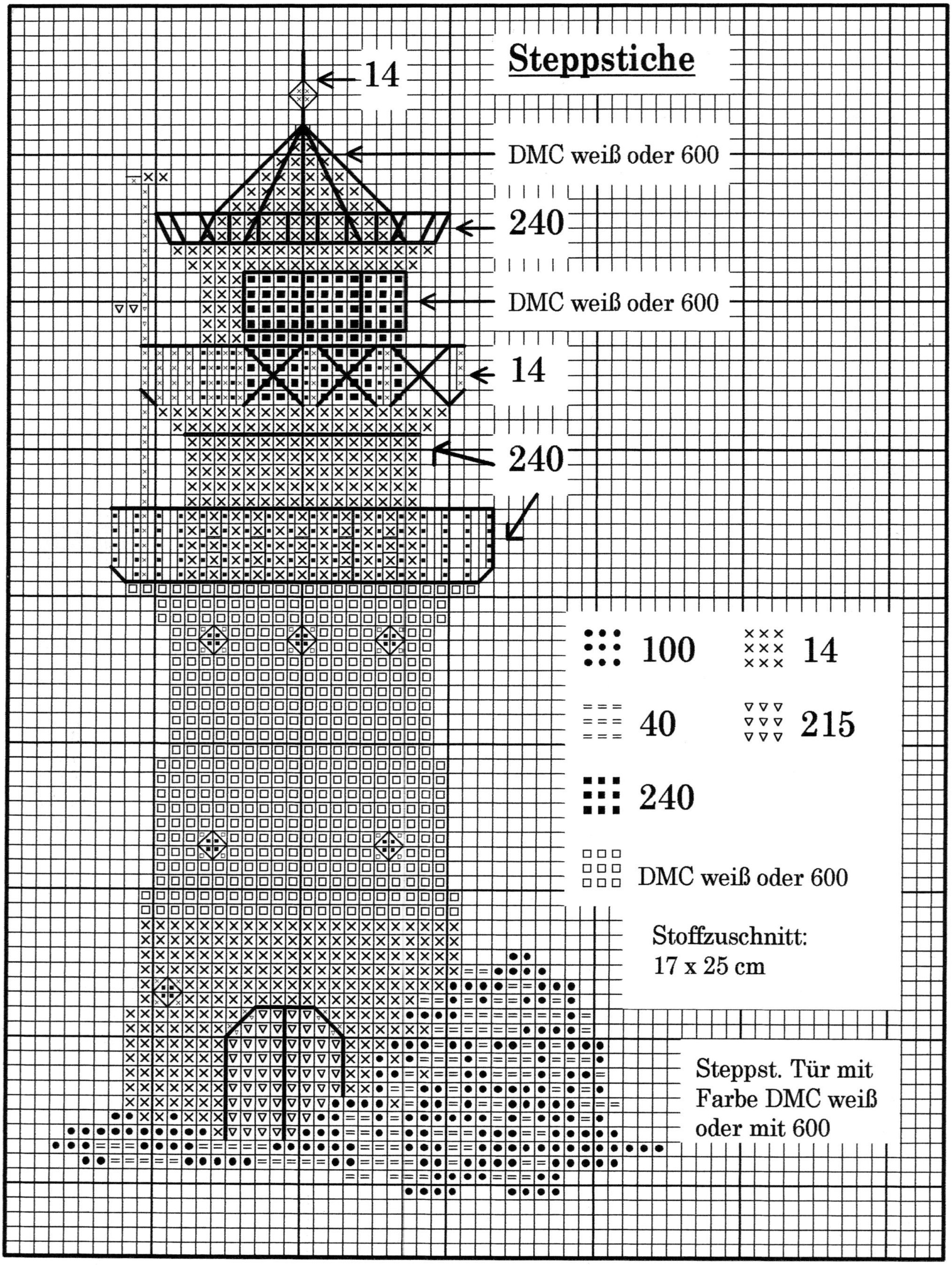
Steppstiche
14
DMC weiß oder 600
240
DMC weiß oder 600
14
240
100
14
40
215
240
DMC weiß oder 600
Stoffzuschnitt:
17 x 25 cm
Steppst. Tür mit
Farbe DMC weiß
oder mit 600

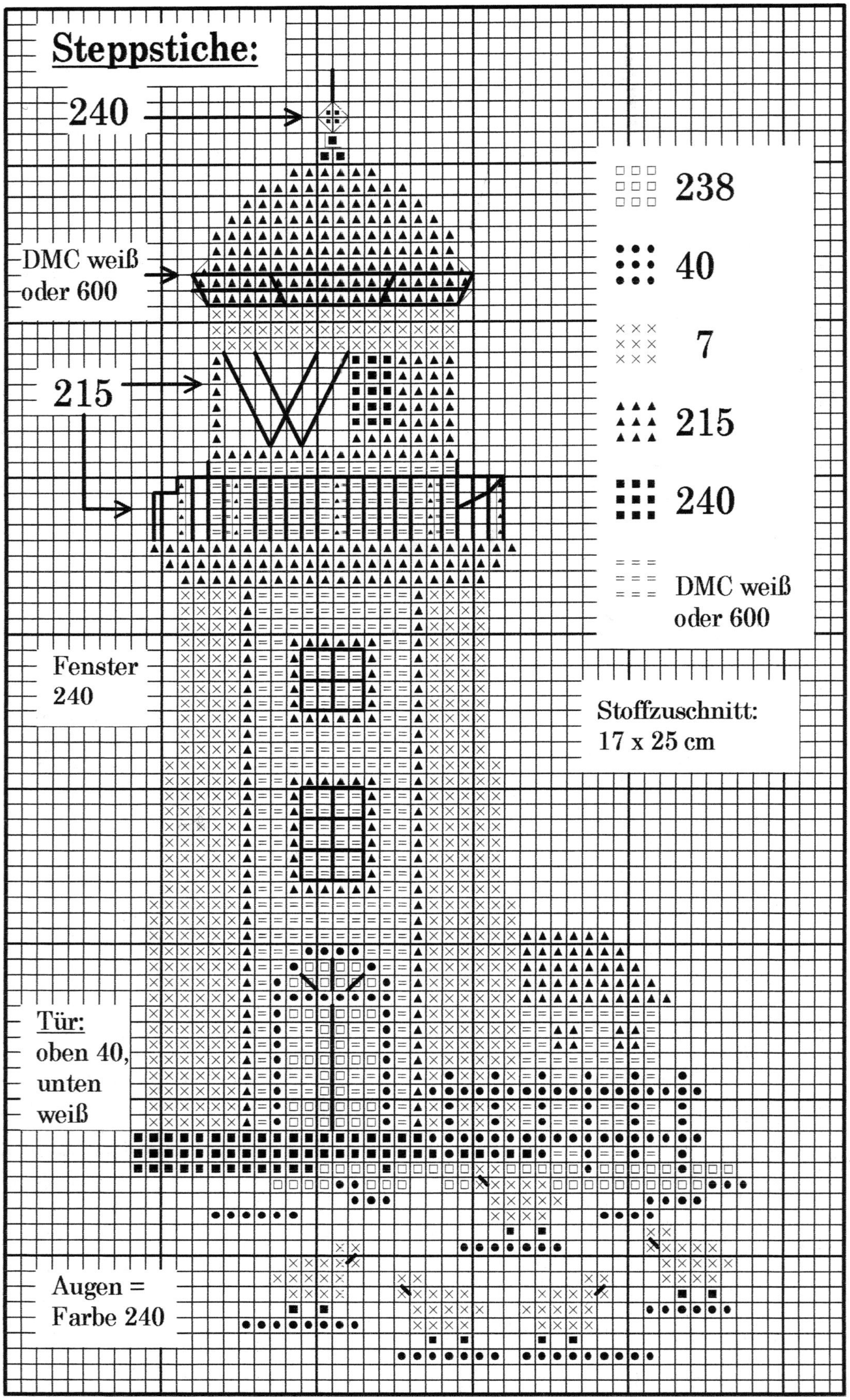
Steppstiche:
240
DMC weiß oder 600
215
Fenster 240
Tür: oben 40, unten weiß
Augen = Farbe 240
238
40
7
215
240
DMC weiß oder 600
Stoffzuschnitt: 17 x 25 cm

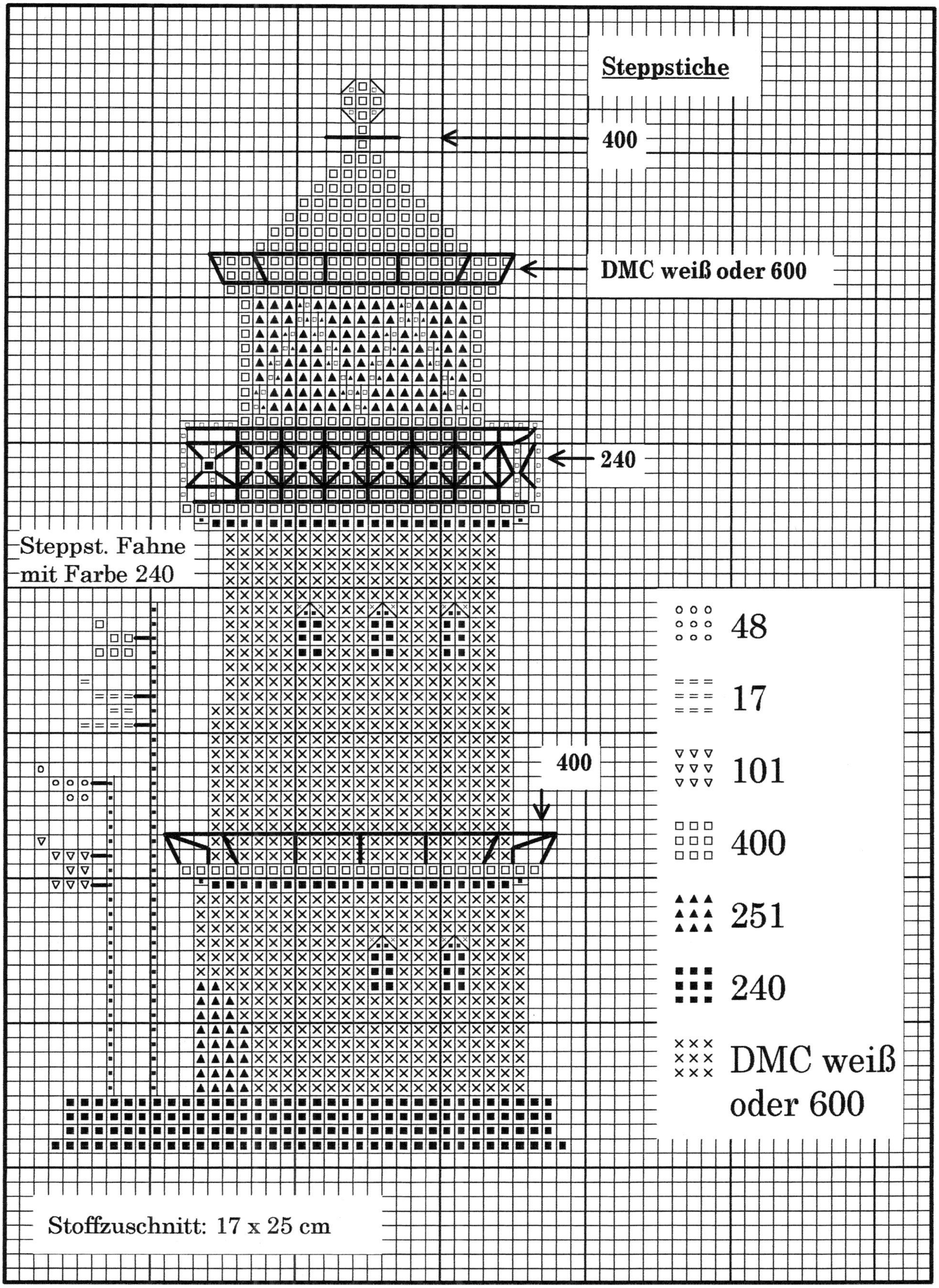

Stoffzuschnitt: 17 x 25 cm

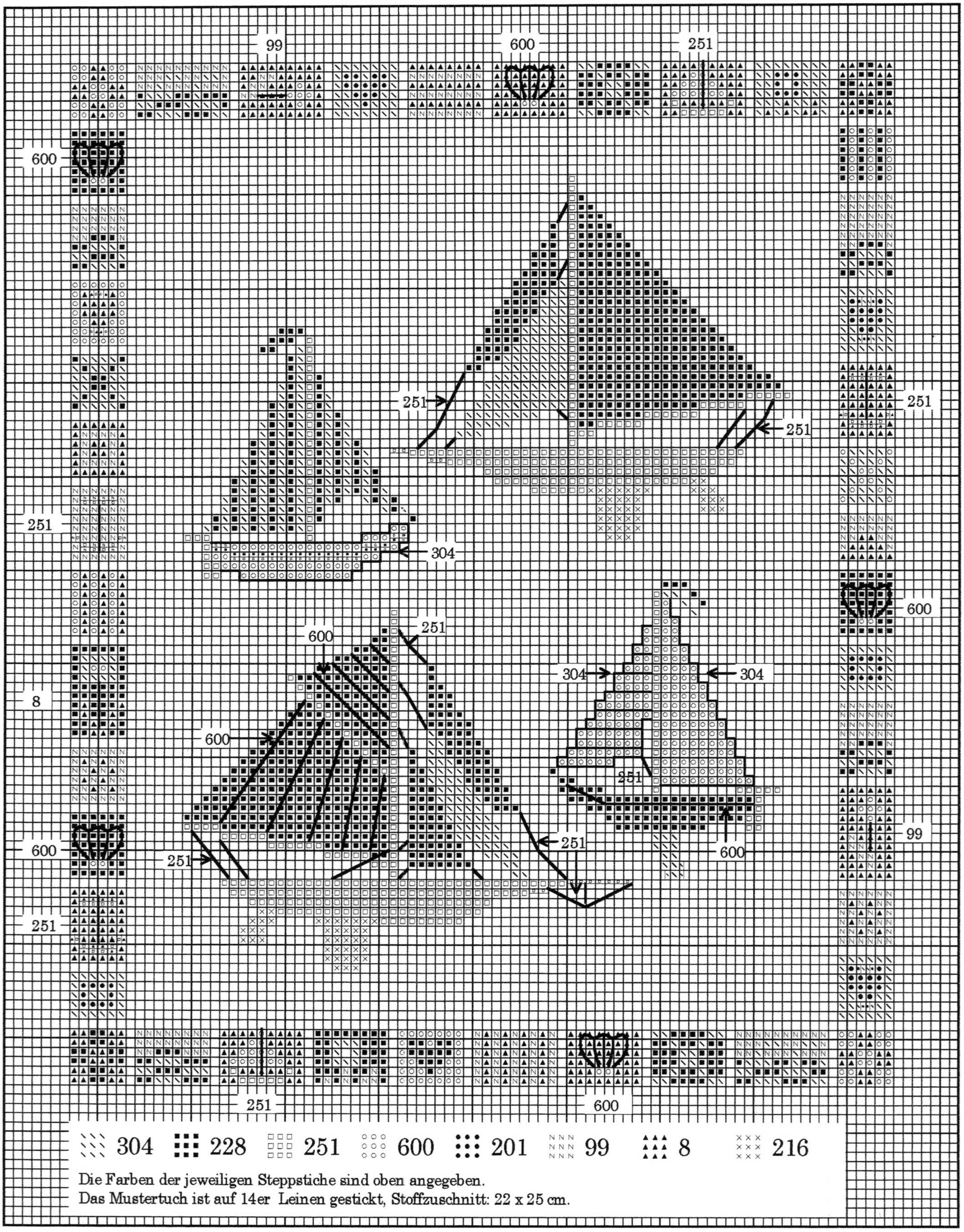

304 228 251 600 201 99 8 216

Die Farben der jeweiligen Steppstiche sind oben angegeben.
Das Mustertuch ist auf 14er Leinen gestickt, Stoffzuschnitt: 22 x 25 cm.

Es schieben sich wie Traumkulissen
Bauminseln stets erneut vorbei,
Als ob ein blaues Fest uns rufe,
Die Landschaft eine Bühne sei.

Sich wandelnd mit des Bootes Gleiten
Erfrischt den Blick Laub, Schilf und See:
Hier könnte Händels Oper spielen,
vielleicht Acis und Galathee.

aus „Fahrt über den Plöner See“, Wilhelm Lehmann

Badehäuschen, Seite 1

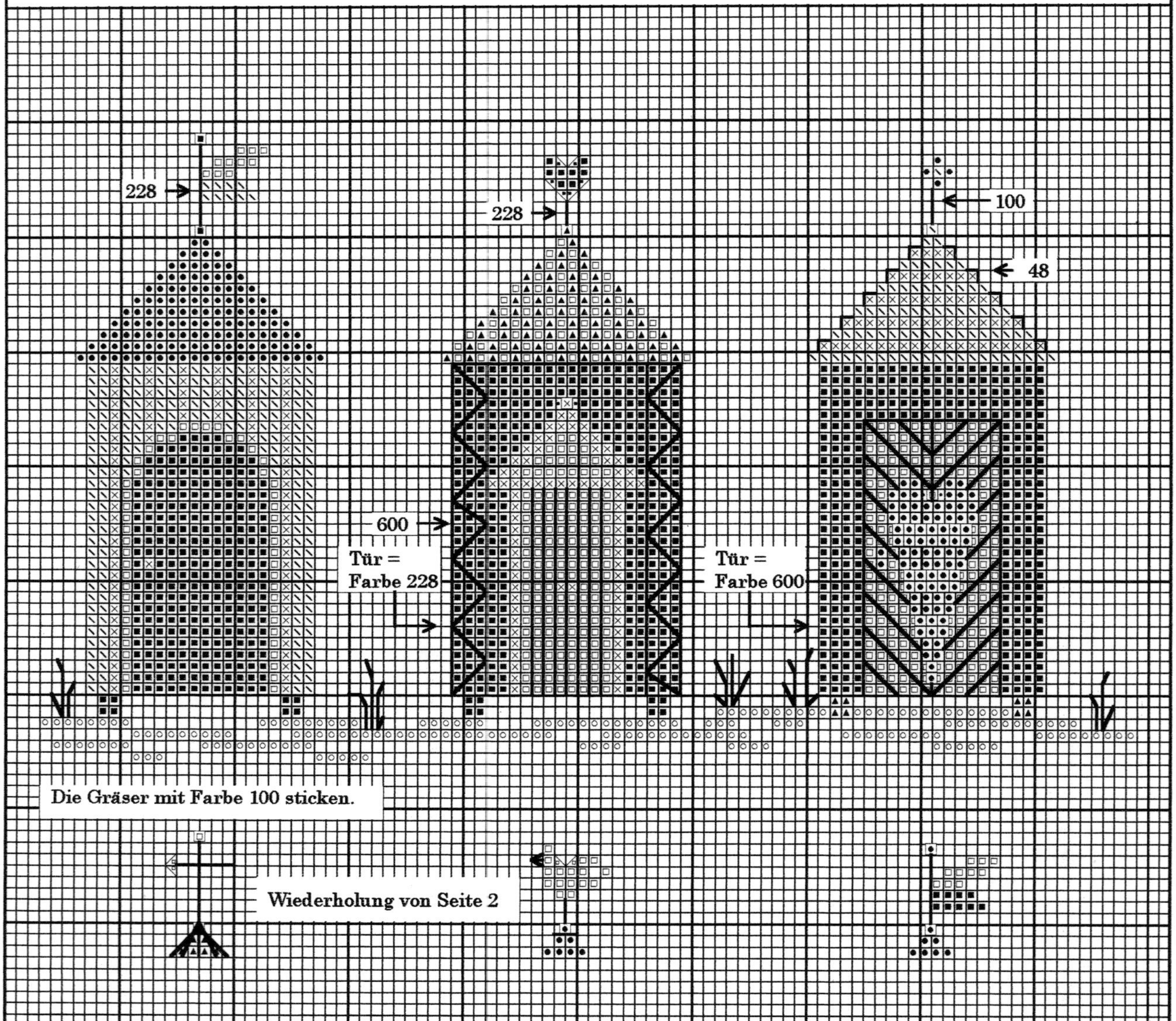

228 · 600 · 48 · 100 · 210 · 202 · 203

Die Farbangaben für die Steppstiche sind bei dem jeweiligen Badehäuschen angegeben.
Stoffzuschnitt: 28 x 30 cm

Wenn ich im Badeanzug bin
Und im Familienbade,
Geht die Erotik fort. Wohin
Weiß Gott. Wie schade !

Von der Kabine bis ans Meer
Geniere ich mich sehr.
Trotz Spucke und trotz Laufgeschwind
Merkt jede Frau und jedes Kind,
Daß meine Füße dreckig sind.
Und niemand fragt woher.

aus „Enttäuschter Badegast“, Joachim Ringelnatz

Badehäuschen, Seite 2

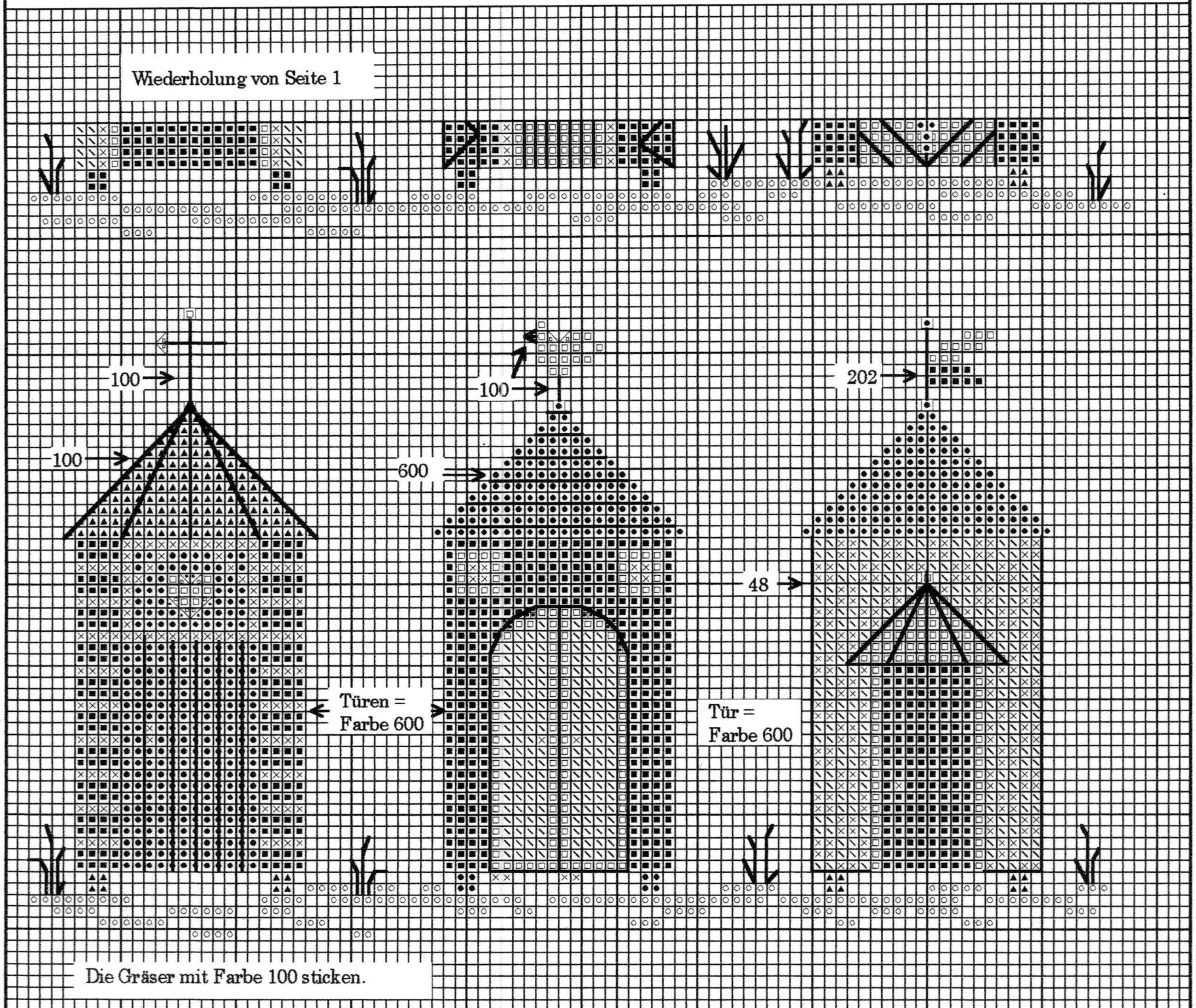

■ 228 × 600 \ 48 □ 100 ▲ 210 ● 202 ○ 203

Die Farbangaben für die Steppstiche sind bei dem jeweiligen Badehäuschen angegeben. Das Motiv auf der rechten Seite wird über 1 Gewebefaden gestickt.
Stoffzuschnitt: 28 x 30 cm

Peter und Luise

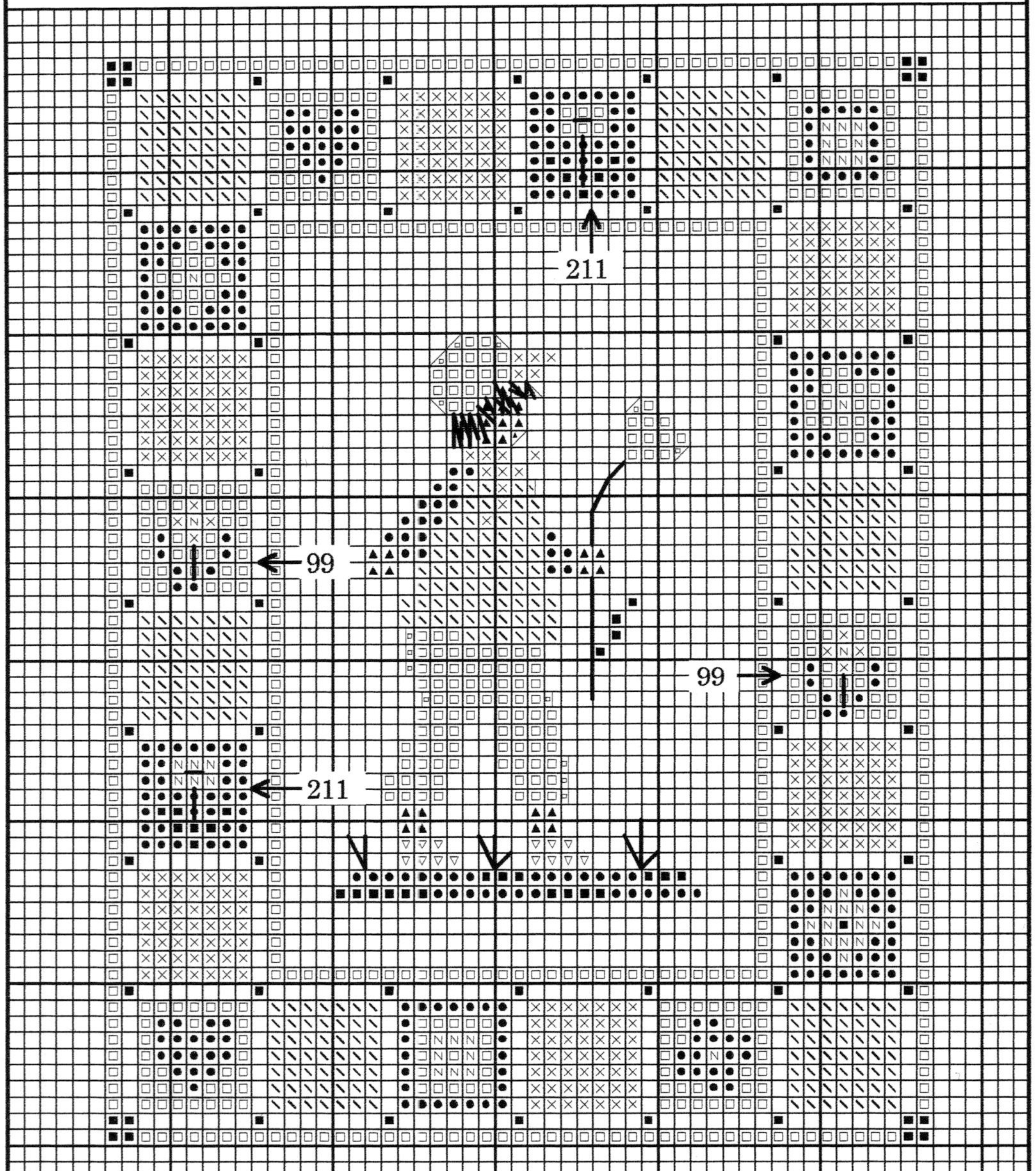

× 304	\\ 8	● 99	□ 228
N 600	■ 211	▲ 25	▽ 216

<u>Steppstiche bei Peter:</u>
Haare = Farbe 216
Wiese = Farbe 211
Blume = Farbe 211

Die Farben der Steppstiche für die Umrandung sind oben angegeben.

Stoffzuschnitt: jeweils 17 x 20 cm

Peter und Luise

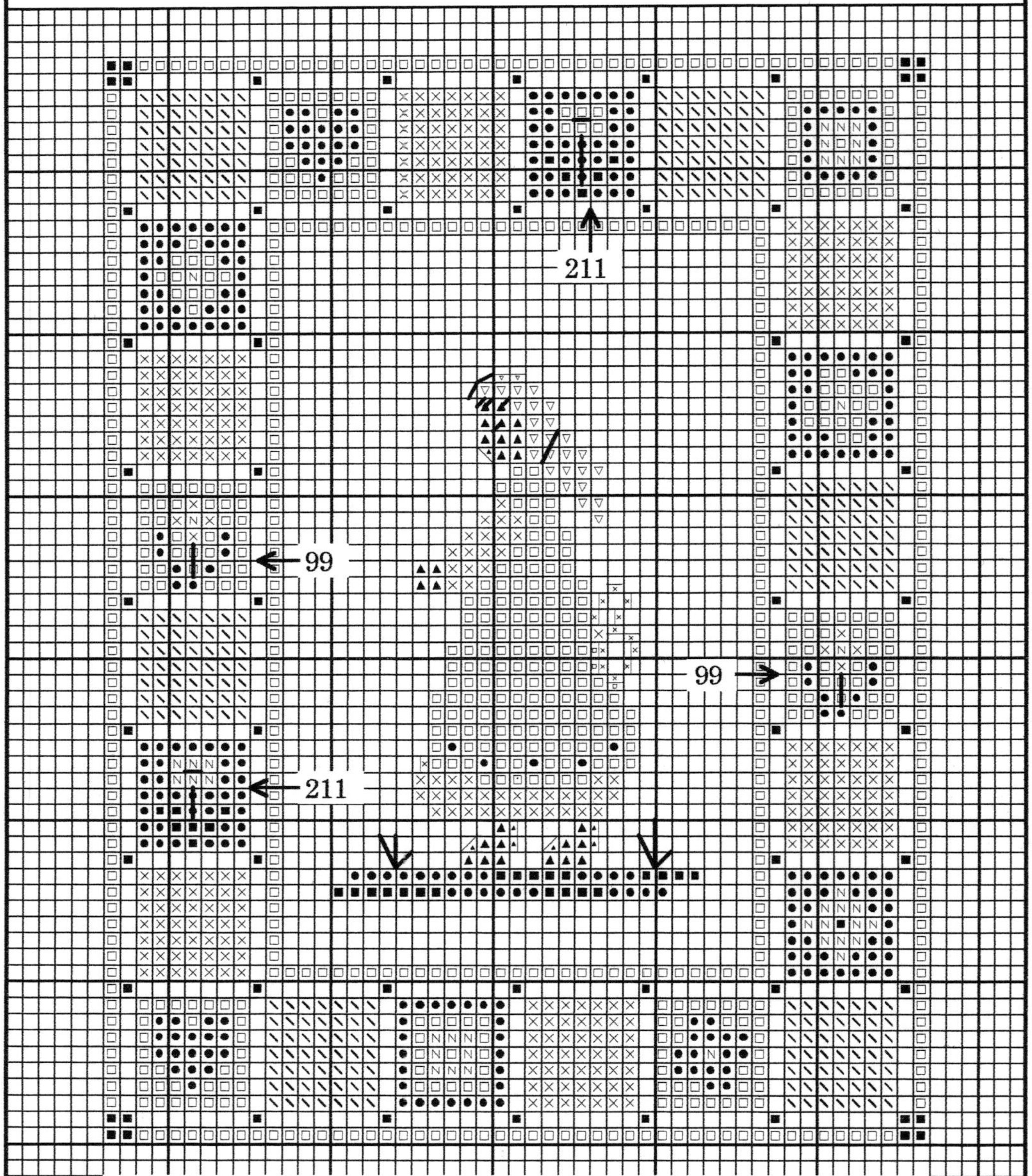

× 304	\ 8	● 99	□ 228
N 600	■ 211	▲ 25	▽ 216

<u>Steppstiche bei Luise:</u>
Haare + Auge = Farbe 216
Wiese = Farbe 211
Haarband = Farbe 304

Die Farben der Steppstiche für die Umrandung sind oben angegeben.

Stoffzuschnitt: jeweils 17 x 20 cm

Das Herz und seine Blüten

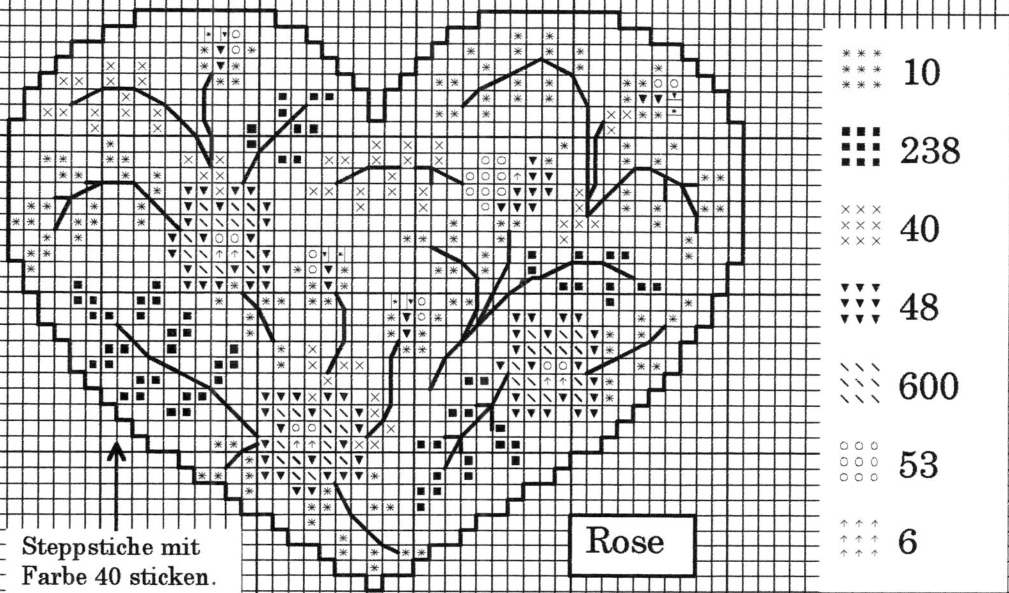

Steppstiche mit Farbe 40 sticken.

Rose

Die Steppstiche bei den Blättern in der jeweiligen Farbe der Blätter sticken.
Stoffzuschnitt: je Herz 16 x 16 cm.

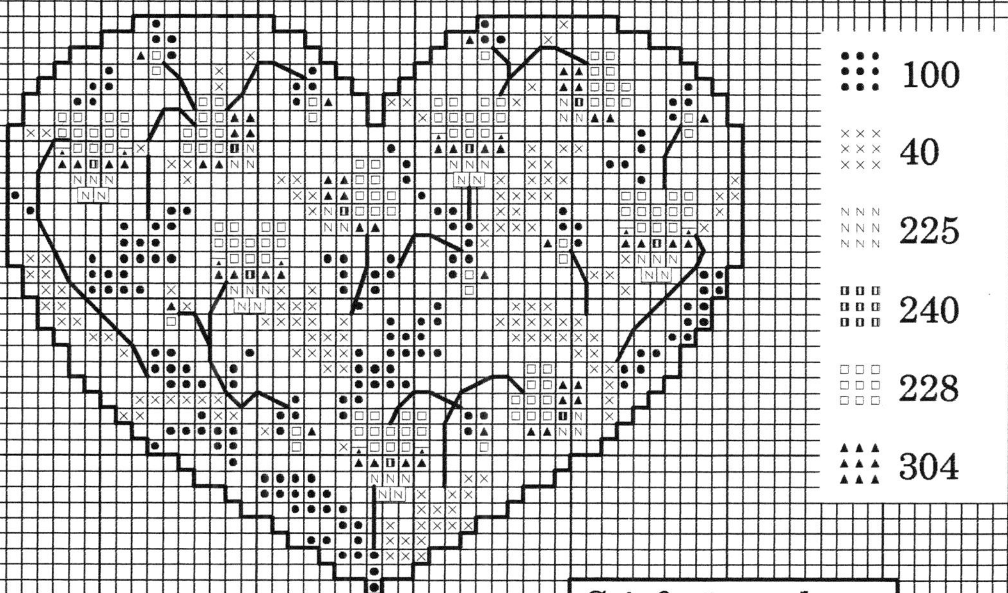

Stiefmütterchen

Die Steppstiche mit der Farbe 40 sticken.
Stoffzuschnitt: je Herz 16 x 16 cm.

Das Herz und seine Blüten

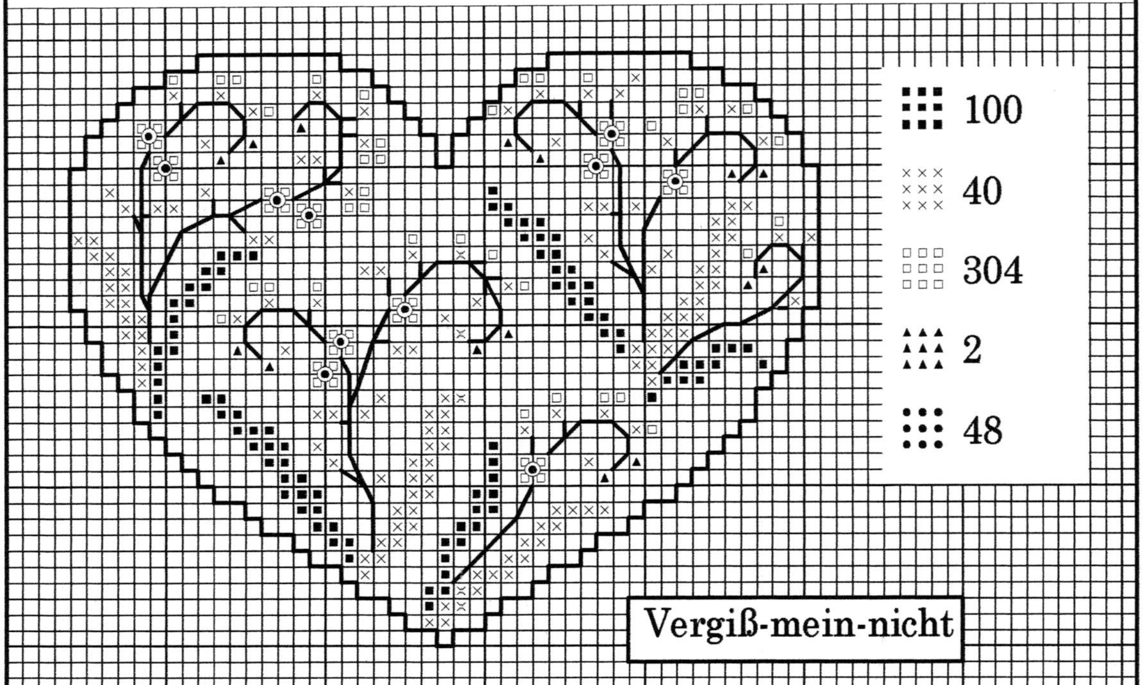

Steppstiche mit Farbe 40, Knötchenstiche mit Farbe 48 sticken.
Stoffzuschnitt: 16 x 16 cm.

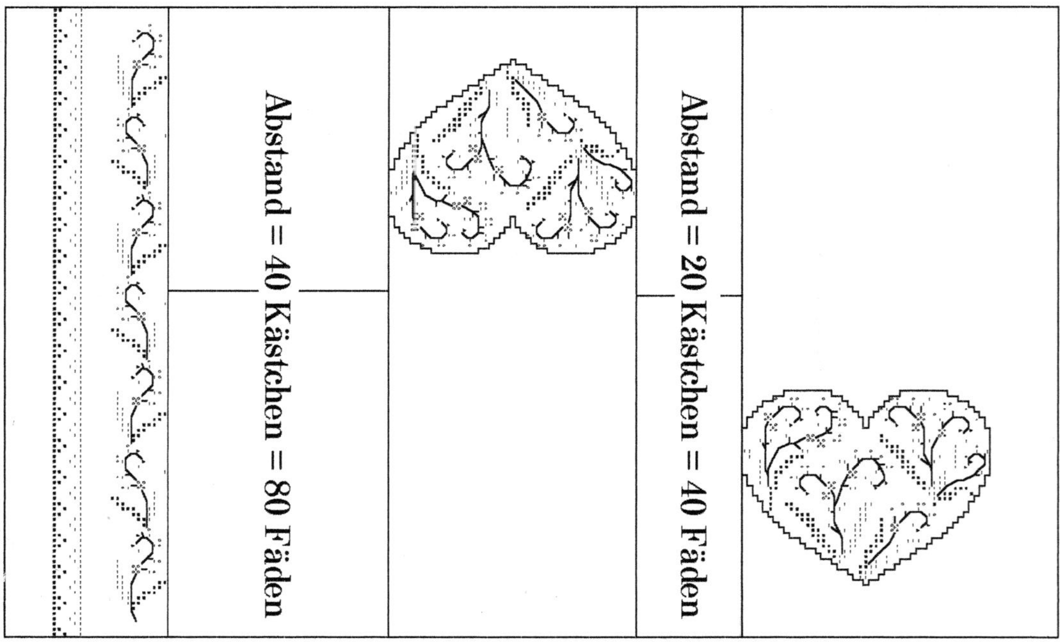

Läufer „Vergiß-mein-nicht"

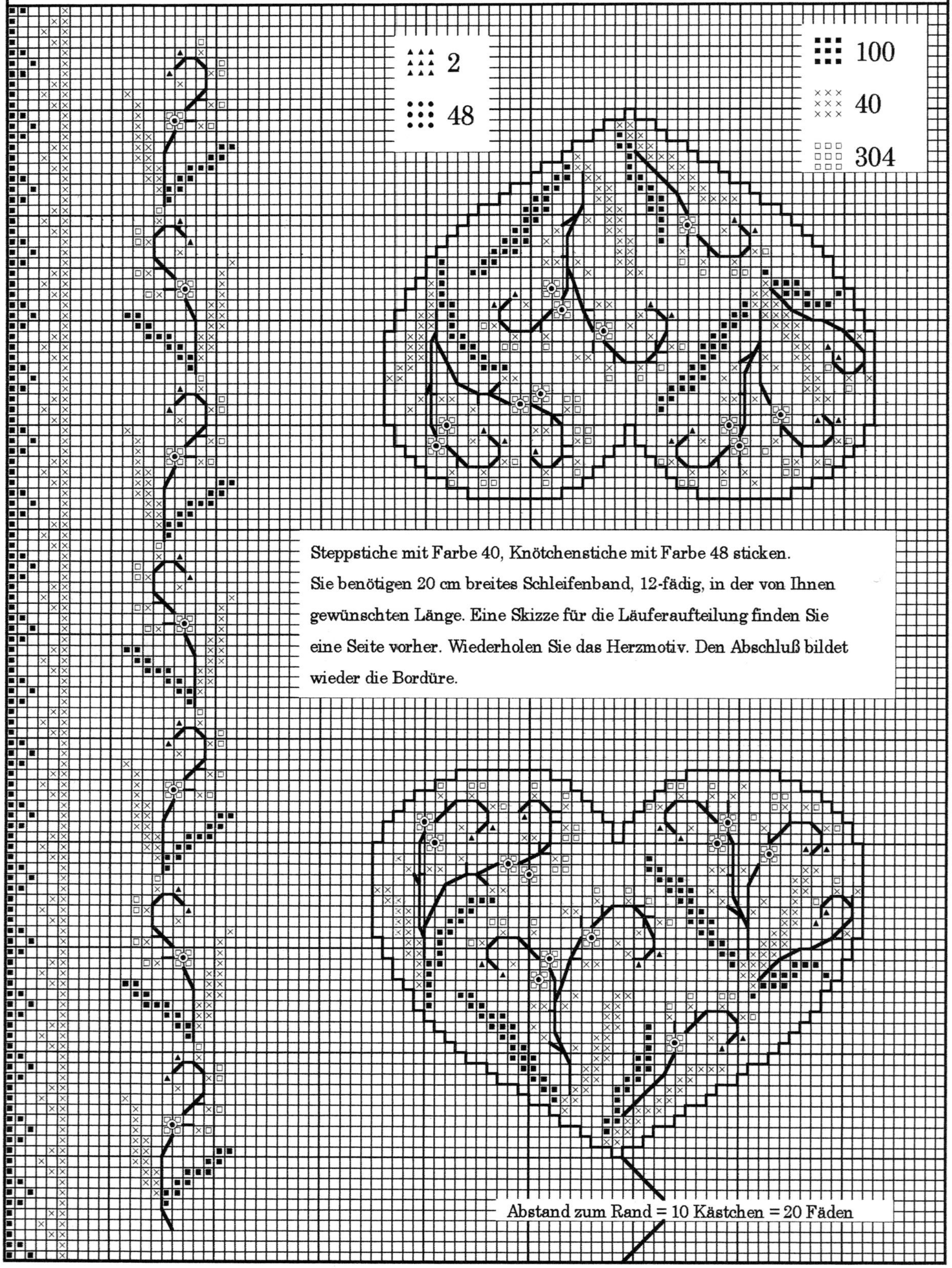

Steppstiche mit Farbe 40, Knötchenstiche mit Farbe 48 sticken.
Sie benötigen 20 cm breites Schleifenband, 12-fädig, in der von Ihnen gewünschten Länge. Eine Skizze für die Läuferaufteilung finden Sie eine Seite vorher. Wiederholen Sie das Herzmotiv. Den Abschluß bildet wieder die Bordüre.

Abstand zum Rand = 10 Kästchen = 20 Fäden

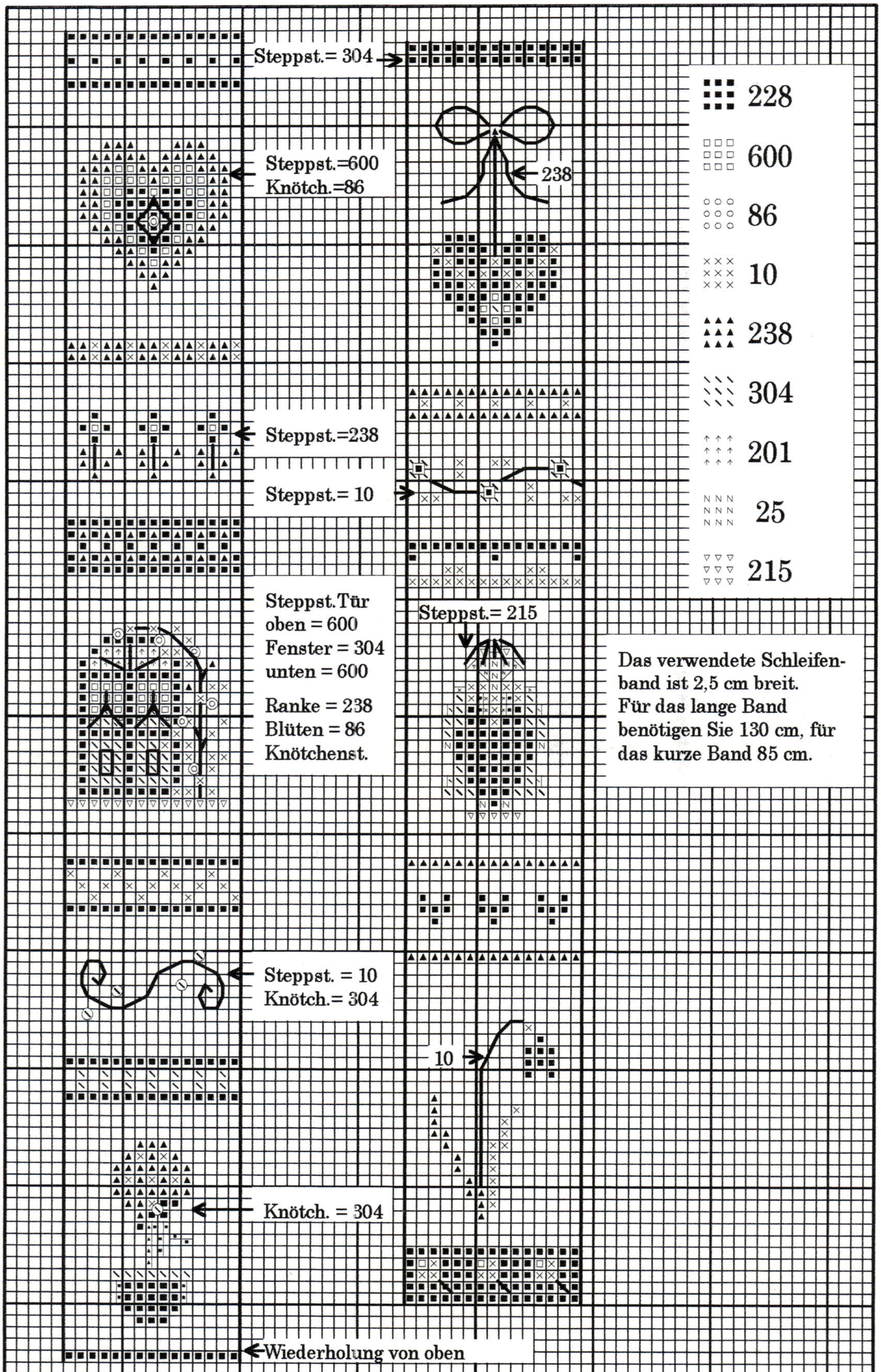

Das verwendete Schleifenband ist 2,5 cm breit. Für das lange Band benötigen Sie 130 cm, für das kurze Band 85 cm.

Blumenkind

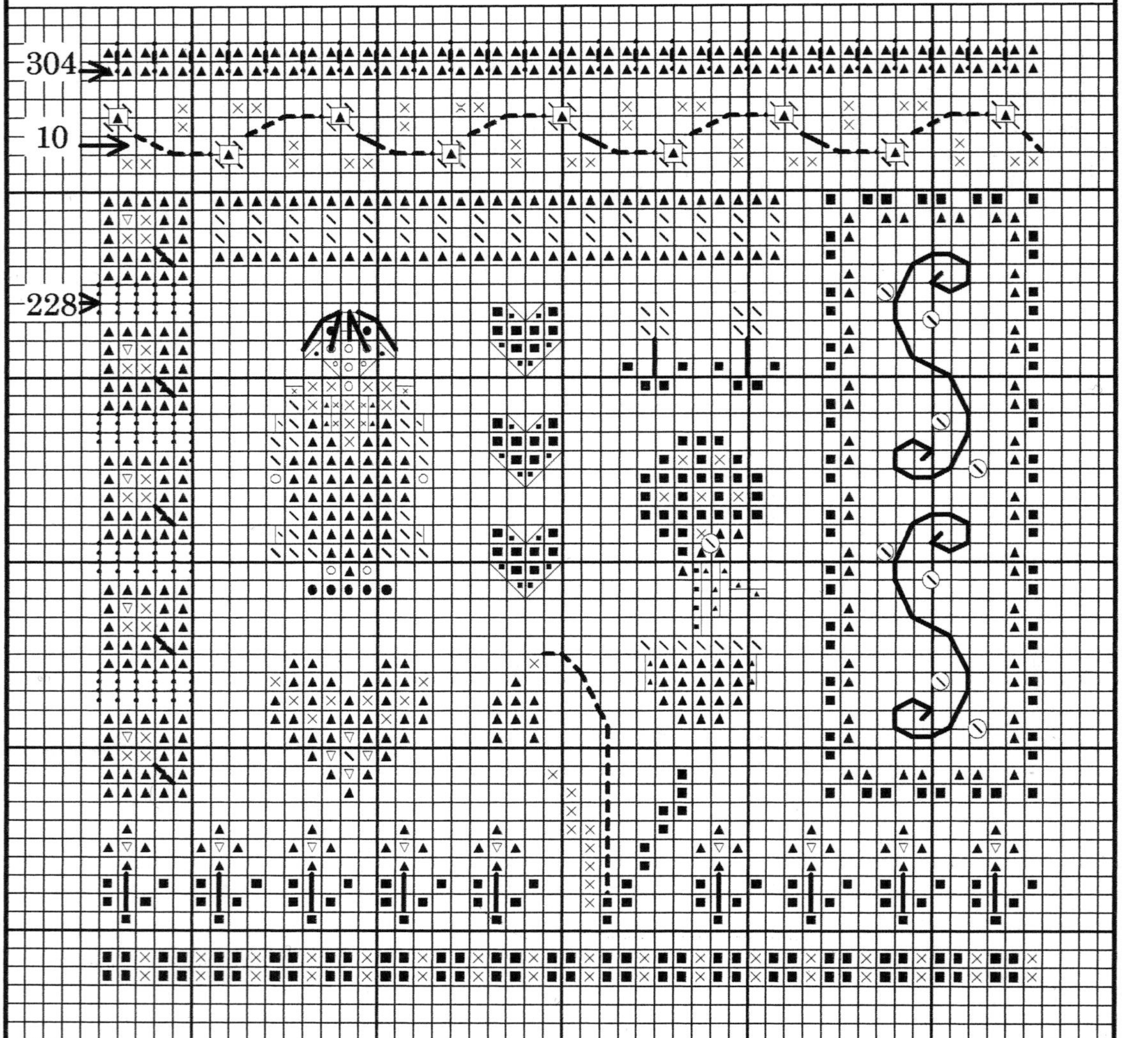

228 600 10 238

304 25 216

Steppstiche: 10 238 228

Knötchenstiche = Farbe 304 304

Stoffzuschnitt: 20 x 20 cm

Strandgut

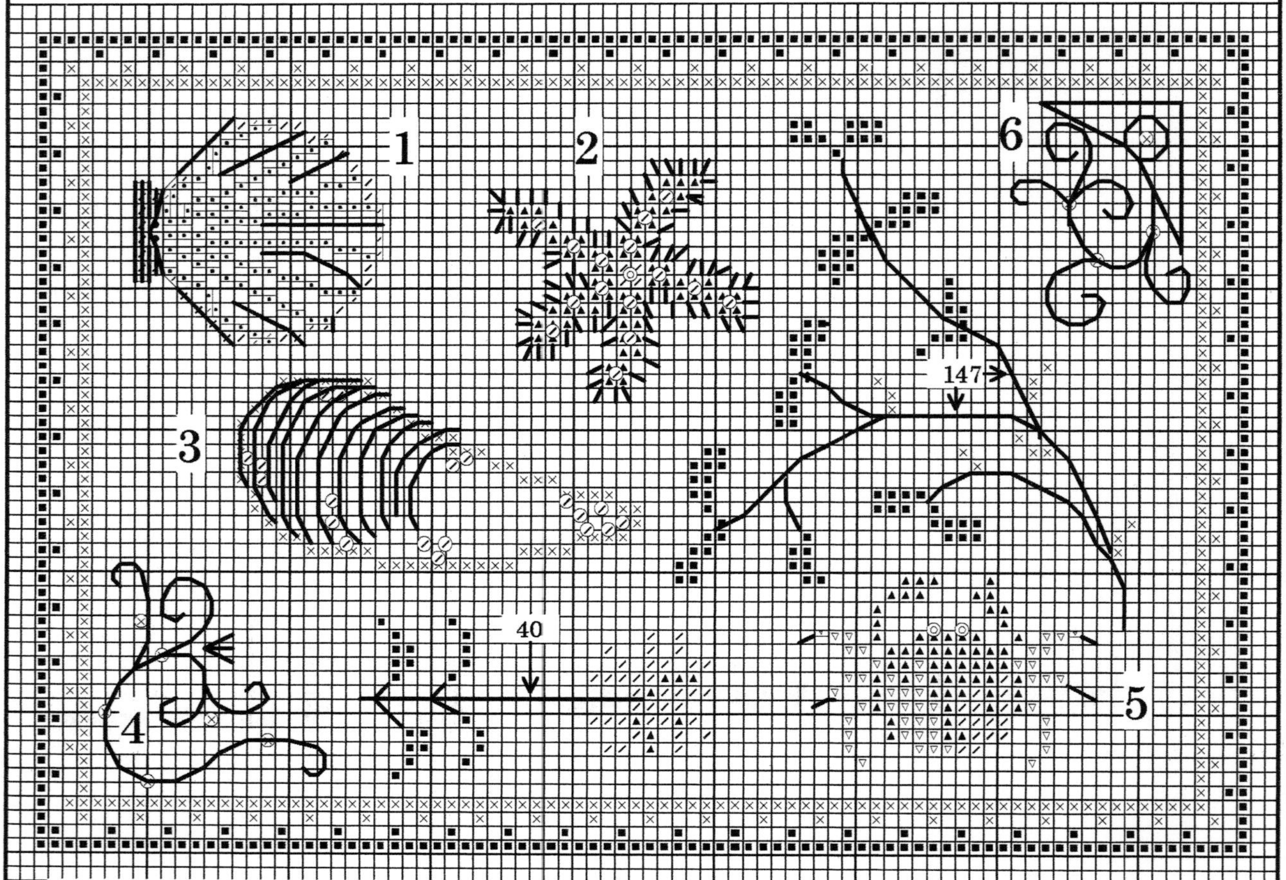

600	236	33	13	14	147
216	213	10			

1 Steppst. = 213
Muschel mit
Farbe 236 ausfüllen

2 Steppst. = 14
Knötchenstiche =
⊘⊘ ⊘ 236
◎◎ ◎ 216

3 Steppst. = 33
Muschel mit
Farbe 147 ausfüllen

Knötchenstiche =
⊘⊘ ⊘ 236

4 Stepp.- u. Knötchen-
stiche = 147

5 Steppst. = 14
Knötchenst.= 216

6 Stepp.- u. Knötchen-
stiche = 147

Stoffzuschnitt: 25 x 20 cm

Auf der Welle blinken tausend schwebende Sterne,
Weiche Nebel trinken rings die türmende Ferne;
Morgenwind umflügelt die beschattete Bucht,
Und im See bespiegelt sich die reifende Frucht.

aus „Auf dem See“, J.W.v. Goethe

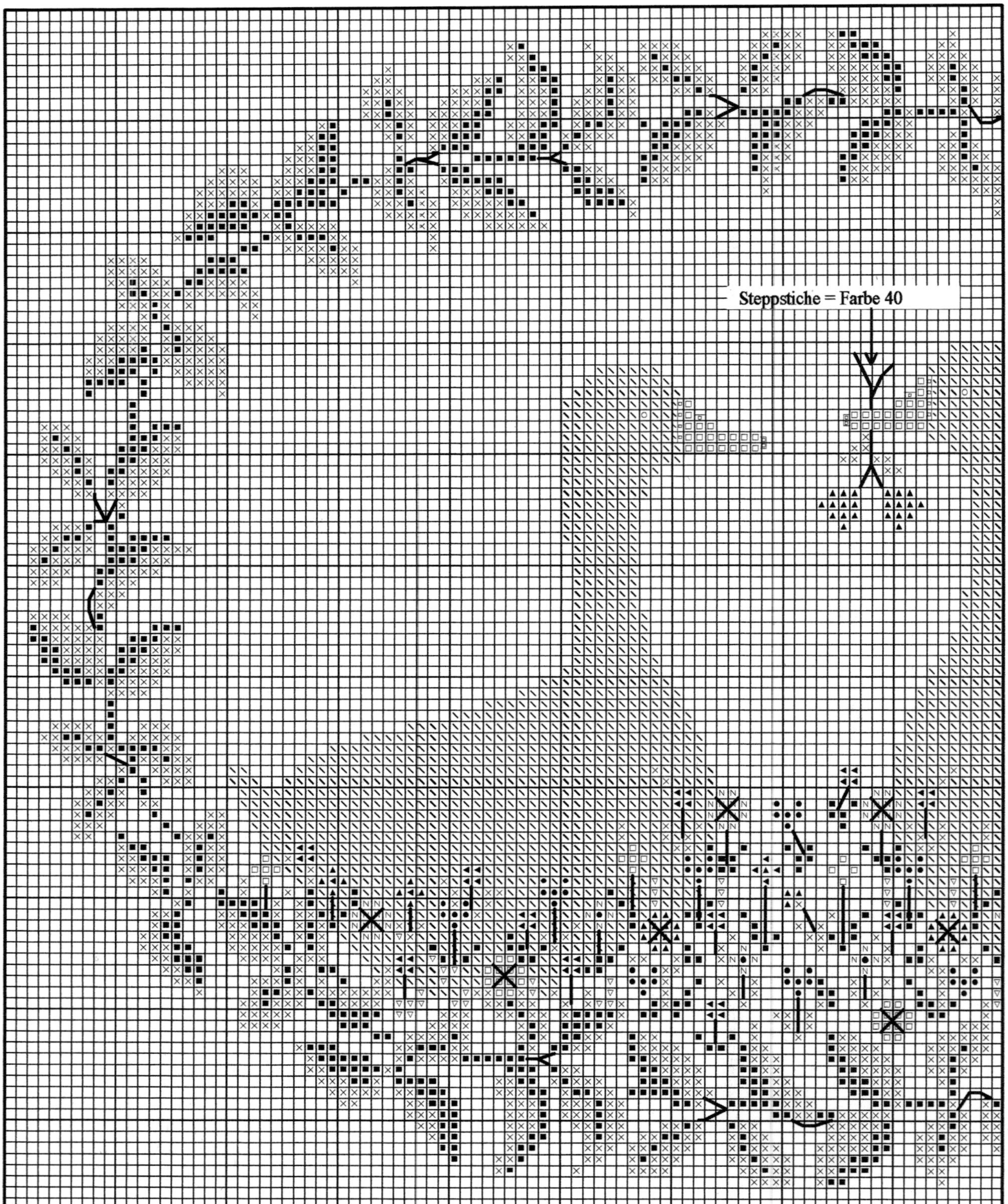

□ 48	○ 240	× 40	▲ 17	▽ 99
● 86	■ 238	N 69	◄ 304	\ 600

Steppstiche:
Blütenstiele = Farbe 238
rosa Blüten = Farbe 86
blaue Blüten = Farbe 304

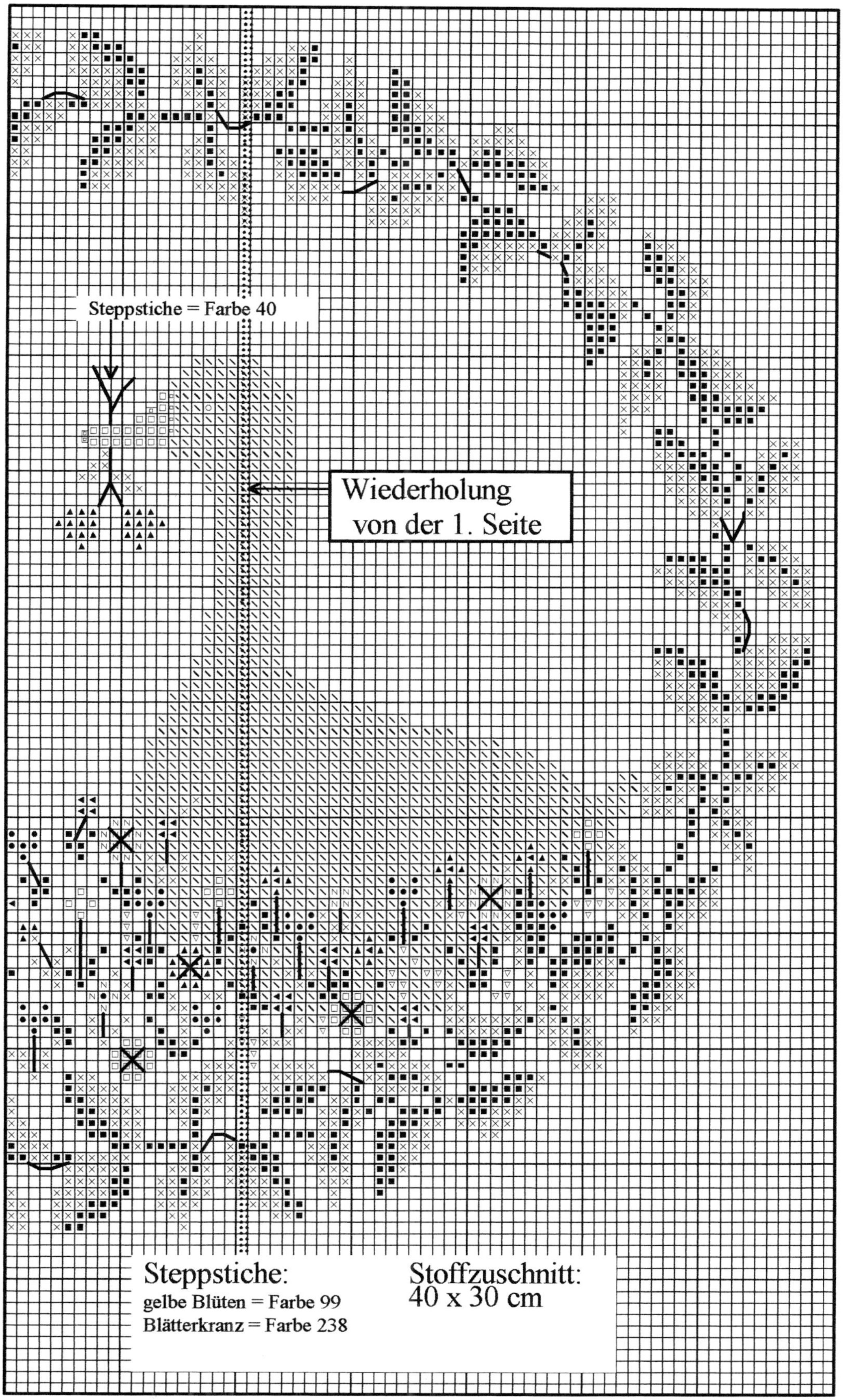

Steppstiche:
gelbe Blüten = Farbe 99
Blätterkranz = Farbe 238

Stoffzuschnitt:
40 x 30 cm

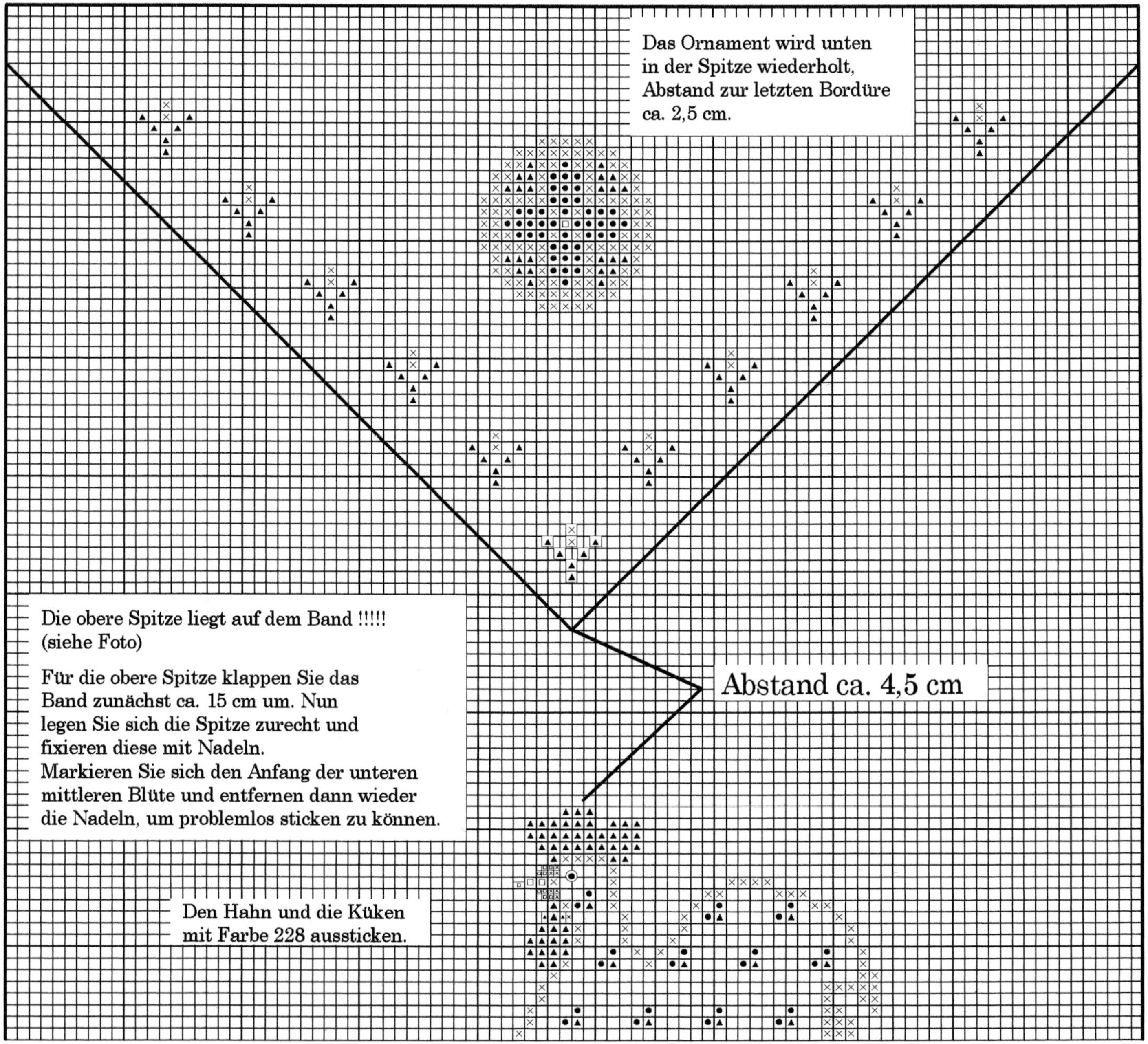
Das Ornament wird unten
in der Spitze wiederholt,
Abstand zur letzten Bordüre
ca. 2,5 cm.
Abstand ca. 4,5 cm
Die obere Spitze liegt auf dem Band !!!!!
(siehe Foto)
Für die obere Spitze klappen Sie das
Band zunächst ca. 15 cm um. Nun
legen Sie sich die Spitze zurecht und
fixieren diese mit Nadeln.
Markieren Sie sich den Anfang der unteren
mittleren Blüte und entfernen dann wieder
die Nadeln, um problemlos sticken zu können.
Den Hahn und die Küken
mit Farbe 228 aussticken.

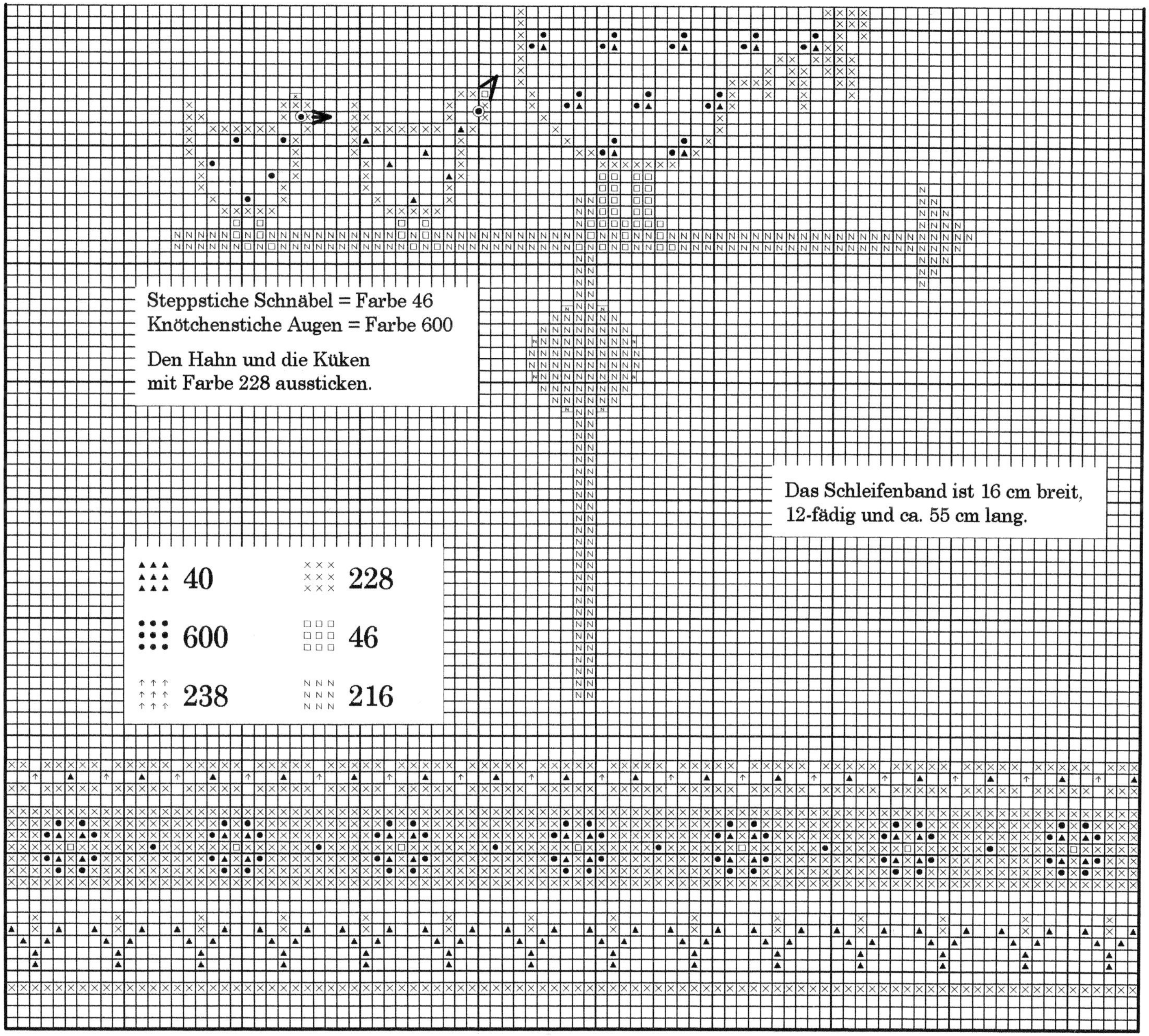
Steppstiche Schnäbel = Farbe 46
Knötchenstiche Augen = Farbe 600
Den Hahn und die Küken
mit Farbe 228 aussticken.
40
228
600
46
238
216
Das Schleifenband ist 16 cm breit,
12-fädig und ca. 55 cm lang.

Farbe	Dänisches Blumengarn	Deutsches Baumwollgarn	MEZ Sticktwist	DMC Sticktwist	Farbe	Dänisches Blumengarn	Deutsches Baumwollgarn	MEZ Sticktwist	DMC Sticktwist
weiß	600	3006	1	weiß	braungrau	215	3512	393	640
natur	0	1000	2	ecru	schilfbraun	6	1006	277	830
schwarz	240	3042	403	310	gelbbraun	203	3302	907	680
silbergrau	303	3303	234	762	rostbraun	214	3412	355	975
hellgrau	19	2091	398	318	zimt	213	3312	365	436
mittelgrau	35	2053	399	414	sand	7	1007	326	644
dunkelgrau	20	2002	235	317	dunkelbeige	222	3222	392	523
anthrazit	32	1450	400	645	haut	25	2052	372	739
babyblau	33	2033	120	794	rehbraun hell	250		373	738
taubenblau	21	2012		932	blaßrosa	1		778	225
hellblau	229		144	813	rosa	69	2096	49	3689
saphirblau	227	3722	978	322	kräftigrosa	2	1002	75	604
blau	228	3822	979	312	altrosa blaß	232	3232		963
lagune	22	2022	977	518	altrosa	3	1003		3354
himmelblau	304	3403	176	334	flamingo	12	2012		776
marine	202	3202	150	939	pink kräftig	37	2073	54	602
enzian	17	2071	134	820	hellrot	86	2068	35	309
navy	220	3022	152	336	pink dunkel	205		77	3687
nachtblau	201	3102	127	823	rot	500	3005	13	350
grüngrau	302		860	3053	kirschrot	88	2088	9046	326
zartes hellgrün	99	2099	264	3348	feuerrot	97	2079	47	321
grüngrau dunkel	147	3741	681		rubin hell	14	2041	22	498
hellgrün	231		875	504	rubin	411	3114	65	815
hellgrün, kräftig	224		216	503	rubin dunkel	4		896	814
grün	10	2000	215	3363	rotbraun	29		897	902
mittelgrün	100	3001	217	367	ziegel hell	93	2039	324	
grün, kräftig	238	3832	218	700	ziegel dunkel	95	2059	326	720
birke, hell	223	3322	266	471	kupfer	96		338	922
weinlaub	237	3732	268	3347	rosenholz	15		893	316
helloliv	212	3212	845	472	lachs	113	3311	9	352
gelboliv	34		843	3013	lachs dunkel	13		10	
oliv	206	3602	846	520	flieder hell	233		96	3608
tanne hell	9	1009	877	561	flieder mittel	11		85	3607
tanne	210		683	319	flieder kräftig	234	3432	98	553
blautanne	211	3112	851	501	flieder dunkel	5		100	552
grüngelb	40		261	907	hellgelb	218	3522	292	3078
gelbgrün	505	3505	280		sonnengelb	48	2084	290	743
gelbgrün hell	506		279		leuchtend gelb	31		291	973
gelbgrün dunkel	26		281	581	dunkelgelb	47	2074	297	834
grasgrün	101	3101	244	704	goldgelb dunkel	236		890	437
turmalin	8	1008	188	992	goldgelb	46	1932	891	729
petrol	226	3215	850	806	orange	53	2035	298	741
dunkelbraun	216	3612	905	838	dunkelorange	54	2054	306	977
mittelbraun	251	3152	358	869	rosenholz hell	235	3532	969	778

Neu erschienene Stickpackungen:

P/199 Der Zooladen
P/200 Der Blumenladen
P/201 Der Spielzeugladen
P/202 Läden komplett

P/203 Für Anne

P/208 Erdbeerherz

P/208 Der neugierige Friedolin
P/205 Friedolin nimmt ein Bad
P/206 Friedolin hält Mittagsschlaf
P/207 Friedolin komplett

Stickereimuseum Oberhundem

Familie Steinacker

Rüsper Straße 1
57399 Kirchhundem-Oberhundem
Telefon 0 27 23 / 7 24 09 · Telefax 7 25 19

Öffnungszeiten des Museums:
Dienstag bis Sonntag von 14 bis 17 Uhr
An Montagen und Feiertagen geschlossen

Öffnungszeiten für Laden und Werkstatt:
Dienstag bis Freitag von 9 bis 12 Uhr
und von 14 bis 18 Uhr
Samstag, Sonntag und Montag von 14 bis 17 Uhr

Alle in diesem Heft vorgestellten **Rahmen und Passepartous** werden in unserer Einrahmungswerkstatt gefertigt, die dem Museum angeschlossen ist.
Sicherlich erhalten Sie diese auch in Ihrem Handarbeitsgeschäft.

Sonst wenden Sie sich an:

MICHAEL STEINACKER
EINRAHMUNGEN
im bildE

Viel Spaß beim Sticken und Rahmen!

Das freundliche Team des Stickereimuseums